essentials

Essentials liefern aktuelles Wissen in konzentrierter Form. Die Essenz dessen, worauf es als „State-of-the-Art" in der gegenwärtigen Fachdiskussion oder in der Praxis ankommt. Essentials informieren schnell, unkompliziert und verständlich.

- als Einführung in ein aktuelles Thema aus Ihrem Fachgebiet
- als Einstieg in ein für Sie noch unbekanntes Themenfeld
- als Einblick, um zum Thema mitreden zu können.

Die Bücher in elektronischer und gedruckter Form bringen das Expertenwissen von Springer-Fachautoren kompakt zur Darstellung. Sie sind besonders für die Nutzung als eBook auf Tablet-PCs, eBook-Readern und Smartphones geeignet.

Essentials: Wissensbausteine aus Wirtschaft und Gesellschaft, Medizin, Psychologie und Gesundheitsberufen, Technik und Naturwissenschaften. Von renommierten Autoren der Verlagsmarken Springer Gabler, Springer VS, Springer Medizin, Springer Spektrum, Springer Vieweg und Springer Psychologie.

Henrik Sattler

Finanzielle Bewertung von Marken

Ein praxisorientierter Leitfaden

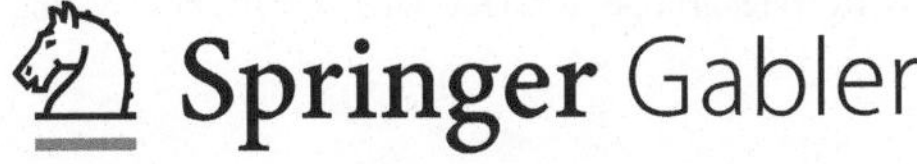

Prof. Dr. Henrik Sattler
Universität Hamburg
Hamburg
Deutschland

ISSN 2197-6708   ISSN 2197-6716 (electronic)
essentials
ISBN 978-3-658-08800-2   ISBN 978-3-658-08801-9 (eBook)
DOI 10.1007/978-3-658-08801-9

Die Deutsche Nationalbibliothek verzeichnet diese Publikation in der Deutschen Nationalbiblio-
grafie; detaillierte bibliografische Daten sind im Internet über http://dnb.d-nb.de abrufbar.

Springer Gabler

Was Sie in diesem Essential finden können

- Wie relevant Marken sind und was man unter einem Markenwert versteht
- Wofür Markenwertbewertungen verwendet werden
- Welche Hilfe Markenbewertungsstandards geben
- Welche Probleme es wie zu lösen gilt
- Welche Regeln es zu beachten gilt: Ein Leitfaden

Vorwort

Erfolgreiche Marken haben einen enormen Wert – keine Frage. Audi, Google, Ikea oder auch Red Bull betreiben vorbildlich konsistente Markenführung. Welchen Wert aber haben diese Marken genau? Wie kann man diesen zielgerichtet messen, steuern und dabei weiterhin aktive Markenführung betreiben? Welche Methoden sind wirklich verlässlich und welche Grenzen gibt es bei Markenbewertungsverfahren? Und: Braucht man die Informationen über den Wert einer Marke in der Praxis wirklich?

Professor Dr. Henrik Sattler gibt Antworten auf diese Fragen. Der renommierte Wissenschaftler und Markenexperte beleuchtet dieses komplexe Thema aus Managementsicht und zeigt auf, wie sinnvoll es für jeden Markenverantwortlichen ist, den Wert seiner Marke zu kennen.

Interessant ist dieses Buch insbesondere für Vorstände, Geschäftsführer und Marken-Verantwortliche in werbungtreibenden Unternehmen, Marketingexperten, Agenturen, Kreative – aber auch für Controller und Finanzexperten.

Inhaltsverzeichnis

Wie relevant Marken sind und was man unter einem Markenwert versteht

1

Marken und Markenwerte sind seit Jahrzehnten ein Top-Thema. Ende der 1980er Jahre ist das Konzept des Markenwerts von Marketing-Abteilungen mit dem Ziel aufgebaut worden, die enormen Investitionen in Marken gegenüber Finanz- und Controllingabteilungen zu rechtfertigen. Auch sehr hohe Markeninvestitionen können sich lohnen, wenn sie dazu führen, den Wert von Marken (als Vermögensgegenstand) nachhaltig zu steigern.

Dass **Marken von ganz erheblichem finanziellen Wert** sind, ist unstrittig. So zeigt eine Umfrage von PwC, Sattler, GfK und Markenverband (2012) unter den 100 umsatzstärksten deutschen Unternehmen sowie den Mitgliedern des Deutschen Markenverbands, dass über die Befragungszeitpunkte 1999, 2005 und 2012 hinweg jeweils über 90%der Befragten der Aussage zustimmen, dass Marken zu den wichtigsten Einflussfaktoren auf den Unternehmenserfolg gehören. Die befragten Topmanager schätzen den Anteil der Marke am Gesamtunternehmenswert aktuell auf durchschnittlich 50%. Weit überdurchschnittliche Werte ergeben sich für Konsumgüterunternehmen. Konkret bedeutet dies für ein Unternehmen wie Coca-Cola, dass ihre Kernmarke einen hohen zweistelligen €-Milliardenbetrag wert ist.

Markenwerte sind besonders populär durch diverse **Rankings** wie z. B. von Interbrand oder Millward Brown geworden. Aber hier werden viele schon skeptisch. Da wird etwa die Marke SAP von Millward Brown aktuell mit US$ 36,39 Mrd. bewertet, wohingegen Interbrand den Markenwert von SAP mit US$ 16,68 Mrd. beziffert.

Wie können solche enormen Wertdifferenzen zustande kommen? Warum finden sich Marken so gut wie gar nicht in Bilanzen, obwohl sie doch von so hohem Wert

© Springer Fachmedien Wiesbaden 2014
H. Sattler, *Finanzielle Bewertung von Marken,* essentials,
DOI 10.1007/978-3-658-08801-9_1

VW Sharan

SEAT Alhambra

Preis: ab 30.925 €
Neuzulassungen 2013: 13.906

Preis: ab 29.085 €
Neuzulassungen 2013: 8.240

Abb. 1.1 Preis- und Mengenpremium VW Sharan versus SEAT Alhambra. (Quelle: www. volkswagen.de; www.seat.de; Kraftfahrzeugbundesamt, www.kba.de; Abruf: 4.10.2014.)

sind? Sind Markenwerte nur fehlerhafte Schätzungen oder lassen sich unterschiedliche Werte für die gleiche Marke erklären? Gibt es überhaupt vertrauenswürdige Markenbewertungsmethoden oder sind sie alle mit erheblichen Schätzfehlern behaftet? Sollte man angesichts solcher (scheinbar) unvermeidlichen Schätzfehler nicht auf monetäre Markenbewertungen verzichten? Auf diese und weitere zentrale Fragen zur Markenbewertung gibt das vorliegende Buch Antworten.

Zunächst ist zu klären, was man unter einem **Markenwert (Brand Equity)** versteht. Allgemein umfasst er denjenigen Wert, der ursächlich auf den Namen oder das Symbol der Marke zurückzuführen ist. Der finanzielle Markenwert wird unmittelbar offensichtlich, wenn man den ökonomischen Erfolg zweier Produkte vergleicht, die sich ausschließlich im Markennamen unterscheiden. So sind z. B. die Fahrzeuge der Marken VW Sharan und SEAT Alhambra in Ausstattung und Leistung (nahezu) gleich, Preise und Absatzmengen unterscheiden sich hingegen deutlich (Abb. 1.1). Der VW Sharan kann gegenüber der Referenzmarke SEAT Alhambra sowohl höhere Preise (sog. **Preispremium**) als auch höhere Absatzmengen (sog. **Mengenpremium**) erzielen. Preis- und Mengenpremium zusammen bilden eine Maßgröße für den finanziellen Markenwert. Sind die Vergleichsprodukte jenseits des Markennamens hingegen nicht identisch, so muss eine Korrektur des Markenwerts vorgenommen werden. Wäre z. B. beim VW Sharan ein Navigationssystem im Wert von 1.000 € im Preis enthalten, beim SEAT Alhambra hingegen nicht, so würde sich das Preispremium des VW Sharan um 1.000 € verringern, da das Navigationssystem bzw. dessen Preis nicht ursächlich mit der Marke verbunden ist. Zur Bestimmung des Gesamtmarkenwerts kann dann das Preis- und Men-

Zielgruppen	Indikatoren	Mögliche Wertbeiträge
Kunden	• Höhere Kundenbindung • Höhere Kaufwahrscheinlichkeit	• Marken-Preis-Premium • Marken-Mengen-Premium
Handel	• Höhere Handelstreue • Bessere Listung • Höhere VKF-Unterstützung	• Preisvorteile (Handelsspannen) • Mengenvorteile (Regalplatz)
Wettbewerber	• Markteintrittsbarrieren • Kooperationsbereitschaft	• Preisvorteile (durch weniger Wettbewerb) • Mengenvorteile (durch weniger Wettbewerb)
Mitarbeiter	• Mehr und bessere Bewerbungen • Höhere Mitarbeiterbindung • Verbesserte Arbeitsleistung	• Geringere Personalkosten (Preis-Premium) • Mehr und bessere Arbeitskräfte (Mengen-Premium)
Lieferanten	• Höhere Lieferantenbindung • Bessere Lieferbereitschaft • Höhere Produktqualität	• Preisvorteile • Mengenvorteile
Kapitalgeber	• Höhere Aktionärsbindung • Höhere Bankenbindung • Erhöhte Kaufbereitschaft • Erhöhte Kredit-Vergabebereitschaft	• Geringere Eigenkapitalkosten (Preis-Premium) • Geringere Fremdkapitalkosten (Preis-Premium) • Erhöhte Eigenkapitalnachfrage (Mengen-Premium) • Erhöhtes Fremdkapitalvolumen (Mengen-Premium)
Öffentlichkei	• Erhöhte Empfehlungsbereitschaft • Erhöhte Akzeptanz • Erhöhte Fehlertoleranz	• Preisvorteile • Mengenvorteile

Abb. 1.2 Zielgruppenspezifische Wertbeiträge von Marken. (Quelle: Sattler und Völckner 2013, S. 177)

genpremium abzüglich der markenspezifischen Investitionen auf den relevanten Gesamtmarkt hochgerechnet und für die Lebensdauer der Marke prognostiziert werden.

Darüber hinaus ist zu beachten, dass sich Markenwerte (in Form eines Preis- und Mengenpremiums) nicht nur über Kunden generieren lassen, sondern auch über diverse andere **Zielgruppen** (Abb. 1.2). Aufgrund ihrer besonderen Relevanz konzentrieren sich die folgenden Ausführungen primär auf Kunden. Je nach Konstellation sind aber auch die übrigen Zielgruppen in die Wertmessung einzubeziehen.

Fazit

Marken sind unstrittig von enormem finanziellen Wert und determinieren maßgeblich den Wert von Unternehmen. Die Wertmessung ist aber komplex und bedarf einer eingehenden Analyse.

Wofür Markenbewertungen verwendet werden

2

Die vorangegangenen Ausführungen lassen erahnen, dass es sich bei dem Thema Markenbewertung um eine komplexe Materie handelt. Aber es gibt gute Gründe, sich trotzdem mit der Thematik zu beschäftigen. Wer eine Marke kaufen, eine Markenlizenz erwerben, den Erfolg einer Markenkampagne finanziell messen, Führungskräfte anhand von finanziellen Markenwertveränderungen steuern, Schadensersatzbestimmungen bei Markenrechtsverletzungen ermitteln, Marken in die Bilanz einstellen oder als Kreditsicherung verwenden möchte, der ist zwingend darauf angewiesen, Marken finanziell zu bewerten – und zwar auch dann, wenn Markenbewertungen mit Schätzrisiken behaftet und mit erheblichem Aufwand verbunden sind.

Die oben erwähnte Befragung deutscher Topmanager hat die wichtigsten Verwendungszwecke von Markenbewertungen in der Unternehmenspraxis zusammengeführt (Abb. 2.1). An erster Stelle rangieren **Markentransaktionen** wie der Kauf bzw. Verkauf von Marken oder Markenlizenzierung.

Es folgen verschiedene **Markenführungszwecke**, wie etwa die Erfassung von Markenimages, die Erfolgskontrolle der Markenführung oder die Planung von Markenkommunikationsmaßnahmen. Die Markenführungszwecke erfordern nicht alle eine monetäre Bewertung von Marken. Vielfach konzentriert man sich hier auf eine Analyse von Markenwerttreibern. Dies ist insofern wichtig, als dass ausschließlich der finanzielle Wert wenig über die Ursachen der Markenwertentstehung aussagt. Stellt man z. B. fest, dass sich der Wert einer Marke im Laufe der letzten drei Jahre um 10 Mio. € verringert hat, so ist es wichtig zu wissen, ob dies primär auf verschlechterte Markenimagewerte oder auf Wettbewerbsaktivitäten zurückzuführen ist. Je nach Ursache bedarf es unterschiedlicher Maßnahmen der

© Springer Fachmedien Wiesbaden 2014

H. Sattler, *Finanzielle Bewertung von Marken,* essentials,

DOI 10.1007/978-3-658-08801-9_2

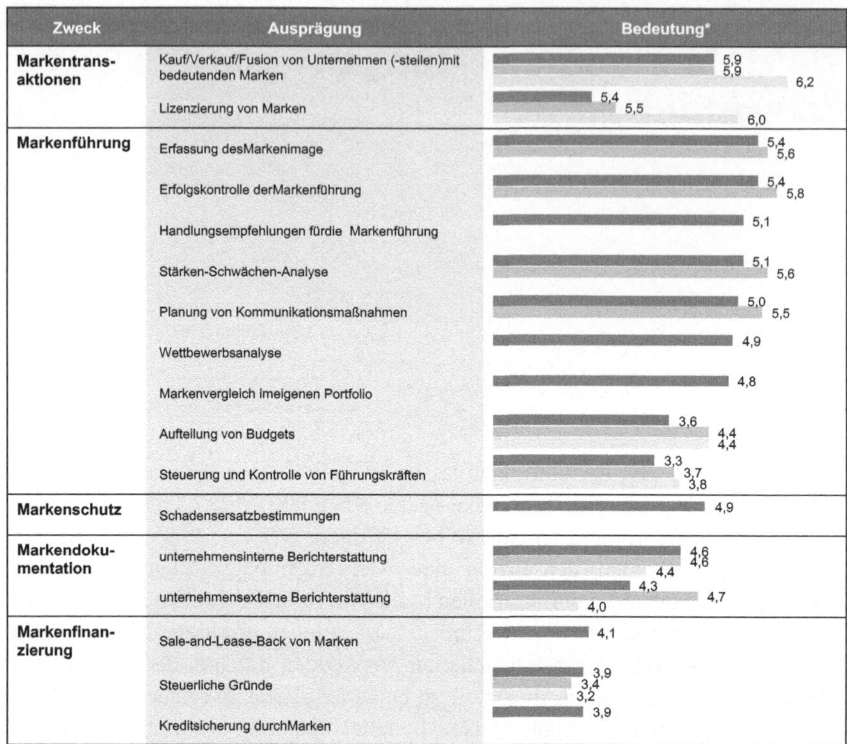

Abb. 2.1 Wichtige Verwendungszwecke von Markenbewertungen. (Quelle: PwC, Sattler, GfK und Markenverband (2012)). (* Dunkelgrauer Balken (2012); mittelgrauer Balken (2005); hellgrauer Balken (1999) Gemessen auf einer Skala von 1 (unwichtig) bis 7 (sehr wichtig))

Markenführung. Eine umfängliche Bewertung von Marken bedarf also insbesondere für Markenführungszwecke nicht nur einer finanziellen Markenwertmessung, sondern auch einer Analyse von Markenwerttreibern.

Von mittlerer Bedeutung sind die Verwendungszwecke **Markenschutz und Markendokumentation**. Insbesondere die nur mittlere Bedeutung der Markendokumentation im Bereich der unternehmensexternen Berichterstattung wie etwa Bilanzen erscheint überraschend. Sie ist aber primär darauf zurückzuführen, dass sowohl national als auch international vom grundsatz her **selbst erstellte (im Gegensatz zu käuflich erworbenen) Marken nicht bilanziert werden dürfen.**

Bemerkenswert ist auch die vergleichsweise geringe Bedeutung von Markenbewertungen für verschiedene **Markenfinanzierungszwecke**. Es ist davon auszugehen, dass hier Kreditgeber Markenbewertungsverfahren (noch) sehr kritisch gegenüber stehen.

Fazit

Die finanzielle Bewertung von Marken ist zwar komplex, für eine Vielzahl von Anwendungszwecken aber unumgänglich. Eine umfängliche Bewertung von Marken bedarf – insbesondere im Bereich der Markenführung – nicht nur einer finanziellen Markenwertmessung, sondern auch einer Analyse von Markenwerttreibern.

Welche Hilfe Markenbewertungsstandards geben 3

Infolge der erheblichen Skepsis und Unsicherheit gegenüber Markenbewertungs-verfahren hat es in den letzten Jahren verschiedene Bemühungen gegeben, Markenbewertungsstandards zu entwickeln. Von besonderer Relevanz ist die 2011 veröffentlichte *DIN ISO 10668 Markenwertmessung – Anforderungen an die monetäre Markenwertmessung.* Grundsätzlich ähnliche Anforderungen definiert der **Institut der Wirtschaftsprüfer Standard** *IDW S 5 Grundsätze zur Bewertung immaterieller Vermögenswerte* mit spezifischen Ausführungen zu Besonderheiten der Markenbewertung (zu Einzelheiten vgl. Menninger und Wurzer 2014).

Über alle Standards hinweg ist man sich einig, dass drei grundsätzliche Markenbewertungsverfahren in Frage kommen, und zwar marktpreisorientierte, kostenorientierte und kapitalwertorientierte Verfahren. Realistisch betrachtet kommen aber für die Praxis – bis auf spezifische Ausnahmen –lediglich kapitalwertorientierte Verfahren in Betracht.

*Nach dem **marktpreisorientierten Verfahren** erfolgt die Wertbestimmung auf Basis von beobachtbaren Marktpreisen, die Käufer für hinreichend vergleichbare Vermögenswerte bezahlt haben* (DIN ISO 10668). Problematisch ist hier der Nachweis der hinreichenden Vergleichbarkeit, der letztendlich nur in Ausnahmefällen gelingt und damit die Anwendbarkeit stark einschränkt. Allgemein lässt sich das Verfahren allerdings zur Plausibilitätsprüfung verwenden, inwiefern alternative Verfahren zu ähnlichen Größenordnungen der geschätzten Markenwerte kommen. Marktpreisorientierte Verfahren auf Basis vergleichbarer Transaktionen orientieren sich beispielsweise an Lizenzen (s. u.) oder Earnings-Multiples, die bei markenmotivierten Unternehmensakquisitionen realisiert wurden. Z. B. wur-

© Springer Fachmedien Wiesbaden 2014
H. Sattler, *Finanzielle Bewertung von Marken,* essentials,
DOI 10.1007/978-3-658-08801-9_3

de Reemtsma von Imperial Tobacco im Jahr 2002 für ca. 6 Milliarden € gekauft, wobei die (markenspezifischen) Earnings im Basisjahr ca. 231 Mio. € betrugen. Dividiert man den Kaufpreis (Gesamtmarkenwert) durch die Earnings im Basisjahr 2002, so erhält man ein Earnings-Multiple von 26. Würde man analog den Wert der Marken des US-Tabakunternehmens Lorillard (die gegenwärtig vom Camel- und Pall-Mall-Hersteller Reynolds zum Kauf in Erwägung gezogen werden) bestimmen, so beträgt der Wert US$ 1,18 Mrd. (Ergebnis nach Steuern für 2013) x 26 = US$ 30,6 Mrd. Ob allerdings die Fälle Reemtsma und Lorillard *ähnliche Eigenschaften hinsichtlich Markenstärke, Güter und Dienstleistungen oder der wirtschaftlichen und rechtlichen Situation* sowie eine *angemessene zeitliche Nähe* (DIN ISO 10668) haben, ist zumindest teilweise fraglich.

Nach dem **kostenorientierten Verfahren** *erfolgt die Wertbestimmung auf Basis von Kosten, die für die Herstellung einer Marke investiert wurden oder die zur Wiederbeschaffung oder zur Reproduktion einer Marke anfallen* (DIN ISO 10668). Die Grundlogik besteht darin, dass ein vorsichtiger Investor nicht mehr für eine Marke bezahlen würde als die Wiederbeschaffungs- oder Reproduktionskosten. Das zentrale Problem kostenorientierter Verfahren besteht in der Vernachlässigung zukünftiger Ertragspotenziale. Würde man z. B. bei der Bewertung einer technisch vollkommen veralteten Maschine die (historischen) Reproduktionskosten ansetzen, so ergeben sich systematische Fehler, da sich mit der Maschine aufgrund der technischen Veralterung zukünftig keine Erträge erwirtschaften lassen und sie nur noch Schrottwert hat. Ähnlich verhält es sich mit einer Marke, die man mit hohen Kosten aufgebaut hat, aber mittlerweile dauerhaft gegenüber Konkurrenten hoffnungslos unterlegen ist. Von daher lassen sich kostenorientierte Verfahren typischerweise allenfalls einsetzen, um die Konsistenz und Plausibilität anderer Verfahren zu prüfen.

Es verbleiben also im Wesentlichen **kapitalwertorientierte Verfahren**. *Nach dem kapitalwertorientierten Verfahren ergibt sich der Wert einer Marke aus dem Barwert des erwarteten künftig erzielbaren ökonomischen Nutzens, der aus der Nutzung der Marke während der verbleibenden wirtschaftlichen Nutzungsdauer generiert wird* (DIN ISO 10668). Im Kern geht es darum, für die verbleibende Lebensdauer einer Marke eine Zahlungsreihe markenspezifischer Cashflows zu prognostizieren und auf den Bewertungsstichtag in Form eines Barwerts abzuzinsen. Bei den markenspezifischen Cashflows handelt es sich um Umsätze und Investitionen, die ursächlich mit der Marke verbunden sind (vgl. zur Ermittlung markenspezifischer Umsätze mittels eines Preis- und Mengenpremiums das Beispiel für den VW-Sharan in Kap. 1). Die Anwendung des Barwerts (auf die Gegenwart diskontierter Wert zukünftiger Cashflows) ist notwendig, da z. B. eine Million € heute mehr wert ist als eine Million € in einem Jahr, und zwar weil die eine Million € heute ein Jahr lang zu einem bestimmten (risikolosen) Zinssatz ertragsbringend angelegt werden kann und zudem die eine Million € in einem Jahr typischerweise mit Risiken verbunden ist, was mittels eines Zinsrisikozuschlags zum Ausdruck gebracht werden kann. Die DIN ISO 10668 macht nun insbesondere Angaben dazu, wie mit alternativen Methoden die markenspezifischen Cashflows separiert und Kapitalisierungszinssätze ermittelt werden können (Einzelheiten werden in Kap. 4 erläutert). Darüber hinaus werden sehr allgemeine Hinweise gegeben, z. B. dass bei der ökonomischen Nutzungsdauer einer Marke der *allgemeine Trend der Marken in der relevanten Branche berücksichtigt werden muss,* Markenwerte auf Nachsteuerbasis angegeben werden müssen und langfristige Wachstumsraten im Rahmen der Cashflow-Prognose *auf vertretbaren ökonomischen Grundlagen basieren müssen.*

Weiterhin definiert die DIN ISO 10668 zentrale Begriffe, erläutert allgemeine Anforderungen, wie Transparenz, Validität, Reliabilität und Objektivität, führt notwendige Bewertungsinformationen auf (u. a. Offenlegung der analysierten Finanzdaten, Verknüpfung des monetären Markenwerts mit verhaltenswissenschaftlichen Aspekten wie z. B. Markenbekanntheit und -image), definiert zu prüfende rechtliche Aspekte und listet notwendige Berichtsinformationen auf, u. a. die Unabhängigkeit der Stellung des Gutachters, den Verwendungszweck der Bewertung, angesprochene Zielgruppen, verwendete Methoden und Daten sowie wesentliche Annahmen und Sensitivitäten.

Die Norm macht allerdings keine Angaben dazu, welche spezifische Methode vorzugsweise anzuwenden ist und wie die Methoden konkret ausgestaltet sind (z. B. wird nicht beschrieben, mit welchen Daten und statistischen Verfahren ein Preispremium ermittelt werden kann). Die DIN ISO 10668 (und andere Standards) steckt im Kern Rahmenbedingungen ab, inklusive möglicher Methoden, ohne jedoch konkrete Handlungsempfehlungen – etwa im Sinne einer Formel zur Bewertung von Marken – zu geben.

Fazit

Verschiedene Standards zur Markenbewertung wie insbesondere die DIN ISO 10668 bringen Transparenz in den Markenbewertungsprozess und stecken einen Rahmen ab im Hinblick auf mögliche Bewertungsmethoden und spezifische Erfordernisse. Im Regelfall kommt ein kapitalwertorientiertes Verfahren zum Einsatz, bei dem für die verbleibende Lebensdauer einer Marke eine Zahlungsreihe markenspezifischer Cashflows prognostiziert und auf den Bewertungsstichtag abgezinst wird. Weder die DIN-Norm noch andere Standards liefern jedoch konkrete Markenbewertungsformeln. Es gibt eine große Zahl an Markenbewertungsverfahren, die die DIN-Norm erfüllen. Eine Garantie für eine valide Markenwertmessung ist damit aber nicht gegeben, vielmehr werden lediglich hinreichende Rahmenbedingungen definiert.

Um die Markenbewertung konkret umzusetzen, empfiehlt es sich, die relevanten Bewertungsprobleme zu systematisieren. Einen Überblick zu den wichtigsten Problemen gibt Abb. 4.1 (vgl. zum Folgenden ausführlich Sattler und Völckner 2013).

4.1 Überblick

Ein erster Schritt besteht zunächst in der **Analyse des Markenwertentstehungsprozesses**. Dieser Prozess ist in Abb. 4.2 dargestellt. Die Festlegung der Markenidentität dient als Basis für die Positionierung einer Marke. Wesentliches Ziel der Markenpositionierung ist es, die Identität der Marke in eine Marktstellung umzusetzen, die von den Konsumenten im Vergleich zu Wettbewerbern als vorteilhaft angesehen wird. Inwiefern die Markenidentität durch die Positionierung der Marke im Markt erfolgreich umgesetzt wurde, lässt sich insbesondere anhand von Markenbekanntheit und -image ablesen. Sie stellen zentrale Markenwerttreiber dar, die zu bestimmten Verhaltenswirkungen führen, wie z. B. einem vermehrten Kauf der Marke oder einer erhöhten Markenloyalität. Die Verhaltenswirkungen determinieren dann den monetären Markenwert.

Insbesondere zur Steuerung des Markenwerts ist eine Analyse des Markenwertentstehungsprozesses essentiell. Dementsprechend besteht ein **erstes Problem** der Markenbewertung darin, aufbauend auf der Markenidentität und der Markenpositionierung, zentrale **Markenwerttreiber** wie Markenbekanntheit und -image zu messen und im Hinblick auf ihre Verhaltenswirkung wie etwa Markenkauf oder Markenloyalität zu analysieren.

© Springer Fachmedien Wiesbaden 2014
H. Sattler, *Finanzielle Bewertung von Marken,* essentials,
DOI 10.1007/978-3-658-08801-9_4

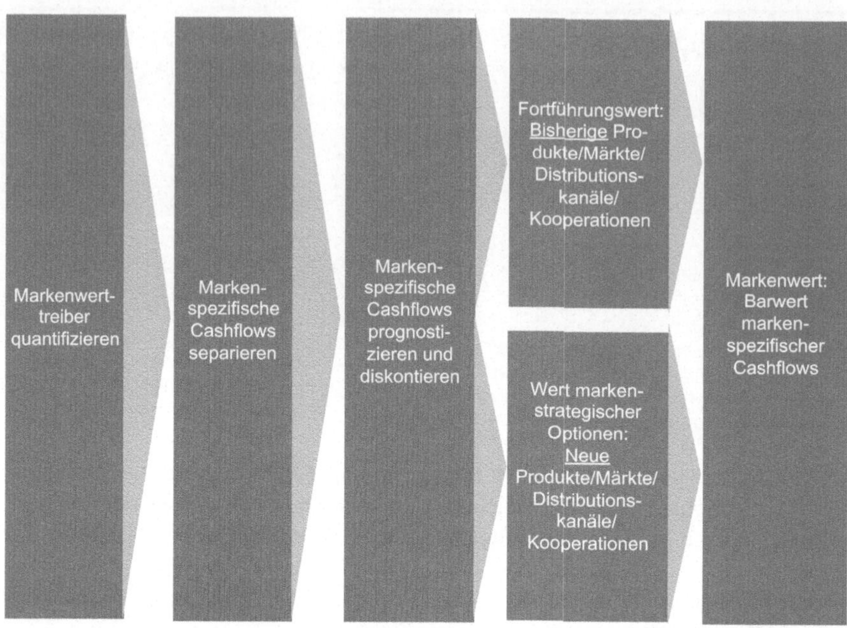

Abb. 4.1 Zentrale Probleme einer Markenwertmessung. (Quelle: in Anlehnung an Sattler und Völckner 2013)

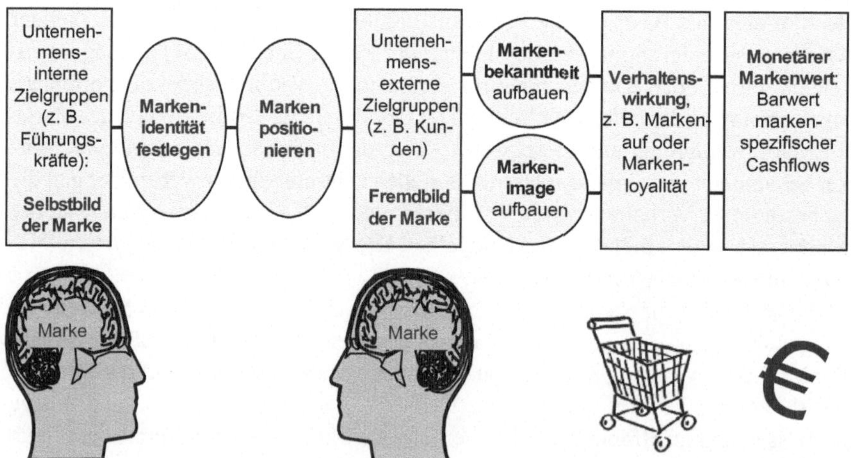

Abb. 4.2 Prozess der Markenwertentstehung. (Quelle: in Anlehnung an Sattler und Völck-ner 2013)

Ein **zweites Problem** ergibt sich dadurch, dass bei der Ermittlung markenspezifischer Cashflows (insbesondere markenspezifische Umsatzerlöse abzüglich markenspezifischer Auszahlungen) nicht die gesamten Cashfllows aus dem mit der zu bewertenden Marke verbundenen Produkt relevant sind, sondern nur diejenigen, die spezifisch auf die Marke zurückzuführen sind (**Separierung markenspezifischer Cashflows**). So würde ein Teil der Umsatzerlöse auch erzielt werden, wenn für das jeweilige Produkt keine (bzw. eine unbekannte oder sehr schwach profilierte) Marke verwendet wird. Entsprechend sind auch nur diejenigen Auszahlungen zu berücksichtigen, die durch die Marke selbst verursacht werden.

Darüber hinaus ist gegebenenfalls zu berücksichtigen, dass Marken neben direkten Effekten auf die Umsatzerlöse von Produkten und damit verbundenen Auszahlungen zusätzliche monetäre Effekte im Bereich **weiterer Markenzielgruppen** hervorrufen können (Abb. 4.2). Hierunter fallen beispielsweise **markenbedingte Einsparungen** in den Bereichen Personal (z. B. kostengünstigere Rekrutierung und Personalbindung bei Unternehmen mit attraktiven Marken wie etwa Porsche), Finanzierung (z. B. Aktienemissionen der Deutschen Telekom) und Beschaffung (z. B. verbesserte Lieferantenkonditionen für starke Marken). Inwiefern eine Quantifizierung solcher zusätzlichen markenspezifischen Cashflows über die kundenbezogenen markenspezifischen Umsatzerlöse und dazugehörigen Auszahlungen relevant ist, hängt von ihrer relativen Bedeutung ab. Letztendlich ist entscheidend, welche Relevanz Marken für unterschiedliche Zielgruppen haben. Diese **zielgruppenspezifische Markenrelevanz** sollte zumindest grob abgeschätzt werden. Für den Fall, dass sie im Verhältnis zu den kundenspezifischen markenspezifischen Cashflows von erheblicher Bedeutung sind, muss man für die wichtigsten Zielgruppen ebenfalls markenspezifische Cashflows separieren.

Ein **drittes Problem** besteht in der **Prognose und Diskontierung** der markenspezifischen Cashflows. Allgemein gilt sowohl für Marken als auch andere Vermögensgegenstände, dass deren Wert nicht auf Basis historischer Investitionen zum Aufbau der Vermögensgegenstände, sondern an deren zukünftigem Ertragspotenzial (hier: zukünftige markenspezifische Cashflows) bemessen werden sollte (s. o. Kap. 3). Eine Prognose markenspezifischer Cashflows ist also in den allermeisten Fällen unumgänglich.

Besonders problematisch ist das insofern, als dass gerade wertvolle Marken eine **sehr lange Lebensdauer** haben, sodass Prognosezeiträume von fünf, zehn oder sogar noch mehr Jahren relevant werden können. Allgemein zeigt die Existenz erfolgreicher Markenartikel über einen Zeitraum von über 100 Jahren die potenziell sehr lange Lebensdauer von Marken, so z. B. bei Coca-Cola, Bosch, Underberg, Maggi, Heinz, Bugatti, Persil, John Deere, Edeka oder Nivea.

Weiterhin müssen die prognostizierten Cashflows auf den Bewertungsstichtag anhand eines **risikoadjustierten Zinssatzes diskontiert** werden. Was sich zunächst nach einem technischen Detail anhört, erweist sich bei näherem Hinsehen als äußerst relevant. In Abb. 4.3 sind beispielhaft die über 15 Jahre prognostizierten markenspezifischen Cashflows einer Marke dargestellt. Im Beispiel steigen die nicht diskontierten (nominalen) Cashflows von ursprünglich 1 Mio. € über fünf Jahre auf 2,3 Mio. € und entwickeln sich dann konstant. Je nach dem ob man nun einen eher hohen Zinssatz von 12 % oder eher niedrigen Zinssatz von 7 % verwendet, beträgt der Gesamtmarkenwert 16,8 Mio. € oder 30 Mio. €. Die Bemessung des Zinssatzes ist also von ganz erheblicher Relevanz.

Zudem zeigt sich, dass die diskontierten Cashflows umso weniger ins Gewicht fallen, je weiter sie in der Zukunft liegen. Das ist insofern eine gute Nachricht, als dass Prognosen, die weit in die Zukunft reichen und damit naturgemäß mit erheblichen Schätzfehlern verbunden sind, kaum noch ins Gewicht fallen. Auch bei sehr langer Markenlebensdauer sind also im Wesentlichen lediglich die ersten Jahre für die Prognose relevant.

Als **viertes zentrales Problem** muss schließlich berücksichtigt werden, dass das Ertragspotenzial einer Marke wesentlich durch **markenstrategische Optionen** beeinflusst wird. Diese Optionen bestehen in erster Linie darin, dass die zu bewertende Marke in Form von Markentransfers auf neue Produkte, Märkte, Distributionskanäle und Kooperationsformen ausgedehnt werden kann. Beispielsweise wurde die Marke Nivea im Laufe der Zeit immer wieder auf neue Produktbereiche (z. B. Gesichtsreinigungsschwamm), Märkte (z. B. Markteintritt in Singapur),

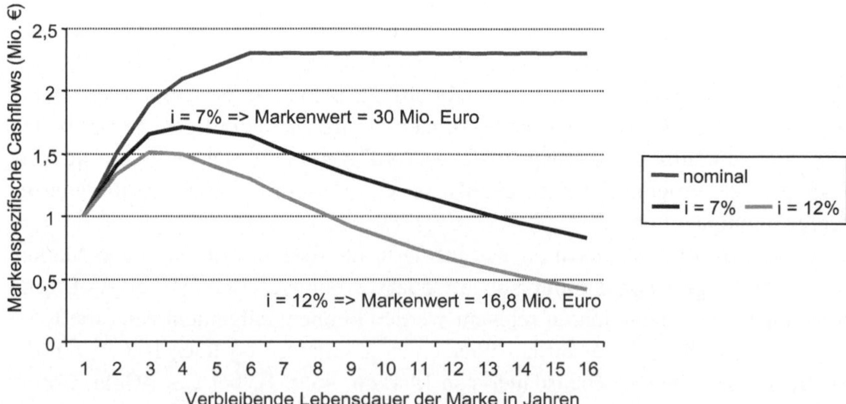

Abb. 4.3 Einfluss des Diskontierungszinssatzes i auf den Markenwert. (Quelle: in Anlehnung an Högl et al. (2002))

Distributionskanäle (z. B. Direktvertrieb übers Internet) und Kooperationsformen (z. B. ein hautpflegendes Rasiersystem im Rahmen einer Markenkooperation zwischen Philips und Nivea) ausgedehnt und konnte dadurch ihren Wert wesentlich steigern (Abb. 4.1, 4.4).

Der Gesamtwert einer Marke ergibt sich dann zum einen aus dem Markenertragspotenzial im Bereich bislang bestehender Produkte, Märkte, Distributionskanäle und Kooperationsformen und zum anderen aus dem Wert markenstrategischer Optionen (Abb. 4.1).

Diese vier Markenbewertungsprobleme und dazugehörige Lösungen werden in den folgenden vier Abschnitten näher betrachtet.

Fazit

Im Kern müssen bei der monetären Markenbewertung vier Probleme gelöst werden. Erstens bedarf es einer Identifikation der inhaltlichen Treiber eines finanziellen Markenwerts. Von besonderer Relevanz sind hierbei die Treiber Markenbekanntheit und -image, die zu bestimmten Outputgrößen wie Markenkauf oder -loyalität führen und diese wiederum den finanziellen Wert von Marken determinieren. Zweitens müssen markenspezifische Cashflows ermittelt

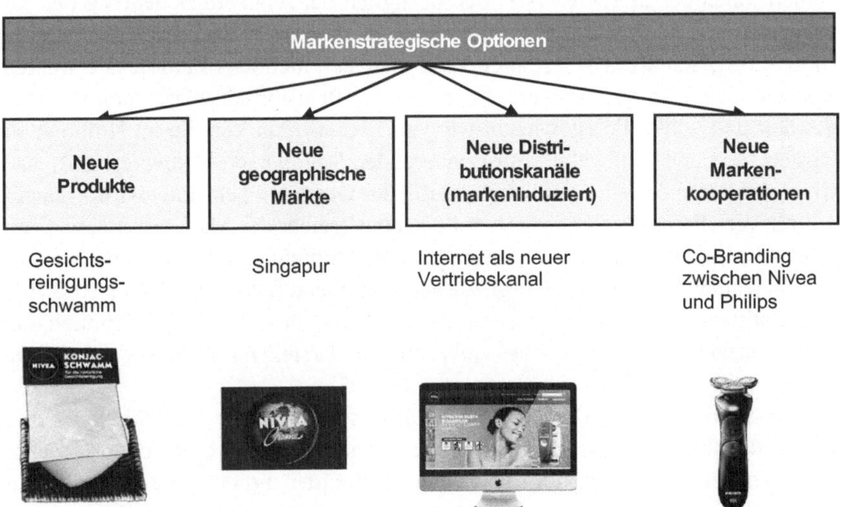

Abb. 4.4 Markenstrategische Optionen am Beispiel von Nivea. (Quelle: http://www.beiersdorf.com/brands/nivea, Abruf: 30.10.2014)

werden, d. h. von den Cashflows aus den Produkten einer zu bewertenden Marke sind diejenigen Cashflows zu separieren, die ursächlich auf die Marke zurückzuführen sind. Drittens bedarf es zur Erfassung des Ertragspotenzials einer Marke typischerweise einer langfristigen Prognose und Diskontierung markenspezifischer Cashflows. Schließlich müssen viertens markenstrategische Optionen quantifiziert werden, d. h. Wertschöpfungspotenziale, die mit einer Marke aus zukünftig durchführbaren Handlungsmöglichkeiten realisiert werden können, beispielsweise in Form von Markentransfers auf neue Produktbereiche.

4.2 Markenwerttreiber quantifizieren

Markenwerttreiber werden in der Unternehmenspraxis und Forschung eingehend diskutiert und haben zu sehr vielfältigen Vorschlägen geführt (vgl. zusammenfassend z. B. Keller 2012; Sattler und Völckner 2013). Dabei spielt die Markenstärke eine zentrale Rolle. Sie wird entweder anhand einer Dimension (d. h. anhand eines Markenwerttreibers) oder mehrdimensional (insbesondere Markenbekanntheit und -image oder verschiedene Facetten hiervon) gemessen. Weder hinsichtlich der als relevant zu erachtenden Markenwerttreiber beziehungsweise der einzelnen Dimensionen der Markenstärke noch bezüglich der relativen Bedeutung der einzelnen Treiber besteht Einigkeit. Insbesondere bei vielen von der Unternehmenspraxis vorgeschlagenen Verfahren kann man sich nicht des Eindrucks erwehren, dass die einzelnen Markenwerttreiber rein aus Plausibilitätsüberlegungen heraus gewählt und willkürlich gewichtet werden. Hier werden Vorteile im Hinblick auf Kosten, Zeit und Einfachheit mit gravierenden Validitätsproblemen erkauft, auch wenn von kommerziellen Anbietern häufig das Gegenteil behauptet wird. Gleiches gilt für Verfahren, die sich isoliert auf *einzelne* Treiber des Markenwerts, wie zum Beispiel Markenbekanntheit, Markenqualität, Markenassoziationen und Markenverbundenheit, konzentrieren (vgl. zusammenfassend Sattler und Völckner 2013).

Relativ breiter Konsens besteht dahingehend, dass Markenbekanntheit und -image besonders wichtige Markenwerttreiber darstellen. Weite Verbreitung hat das Konzept von Keller (1993) erlangt (Abb. 4.5).

Die **Markenbekanntheit** (Brand Awareness) beinhaltet die Fähigkeit potenzieller Nachfrager, ein Markenzeichen zu erinnern (Brand Recall) oder wieder zu erkennen (Brand Recognition) und einer bestimmten Produktkategorie zuzuordnen. Markenbekanntheit kann auf einem Kontinuum gemessen werden, das von einer extrem vagen Vorstellung reicht, eine Marke in einer Produktkategorie einmal wahrgenommen zu haben, bis hin zur festen Überzeugung, die Marke sei die

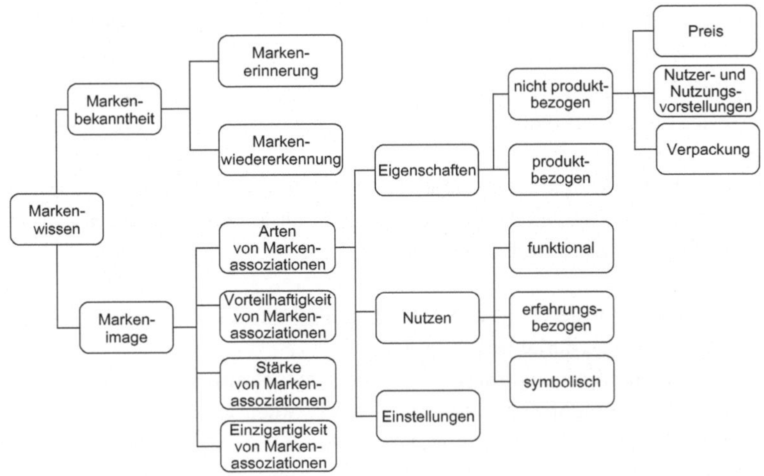

Abb. 4.5 Markenwertwerttreiber nach Keller. (Quelle: Keller (1993))

in der Produktkategorie einzig verfügbare. Die Intensität der Markenbekanntheit wird durch eine Vielzahl von Faktoren, die nicht unabhängig voneinander sind, beeinflusst (Sattler und Völckner 2013):

- Ausmaß der erinnerten Bestandteile des Markenzeichens (z. B. nur der Markenname versus das komplette Markenzeichen),
- Ausmaß der wahrgenommenen Aktualität und Vertrautheit des Markenzeichens (z. B. täglicher Kontakt mit dem Markenzeichen versus Kontakt liegt Jahre zurück),
- Urteilssicherheit hinsichtlich Markenerinnerung und Produktkategoriezuordnung (z. B. ob La Prairie lediglich eine vertraute Wortkombination, eine Hautpflegemarke oder eine Freizeitparkmarke ist),
- Ausmaß der notwendigen Unterstützung zur Erlangung einer Markenerinnerung (z. B. ob eine Marke nur bei Vorlage des Markenzeichens oder schon bei der Nennung einer Produktkategorie erinnert wird),
- Leichtigkeit der Markenerinnerung und Produktkategoriezuordnung (z. B. inwiefern eine Marke als erstes erinnert wird, d. h. Top-of-Mind ist),
- Anzahl der erinnerten Marken pro Produktkategorie (Awareness Set – z. B. wenn vielen Konsumenten nur eine Marke in einer Produktkategorie bekannt ist),

- Anzahl der Kauf- und Verwendungssituationen, in denen eine Markenerinnerung erfolgt (Breite der Markenerinnerung – z. B. tägliche versus monatliche Wahrnehmung einer Marke),
- Anzahl der Produktkategorien, denen ein bestimmtes Markenzeichen zugeordnet wird und
- zugeordnete Produktkategoriebreite (z. B. ob die Marke Kelts lediglich ganz allgemein als Getränkemarke oder produktkategoriespezifisch als alkoholfreie Premiummarke erinnert wird).

In diesem Sinn hat der Treiber Markenbekanntheit unterschiedliche Facetten, die alle den Wert einer Marke beeinflussen.

Noch reichhaltiger sind die Facetten beim **Markenimage** (Abb. 4.5; vgl. zum Folgenden zusammenfassend Sattler und Völckner 2013). Nach Keller werden verschiedene (nicht überschneidungsfreie) Arten von Markenassoziationen unterschieden. Diese werden danach eingeteilt, wie viele Informationen in den Assoziationen enthalten sind. Die meisten Assoziationen sind in Einstellungen vorhanden, gefolgt von Benefits und schließlich bestimmten Eigenschaften.

Solche Eigenschaften stellen Charakteristika von Produkten aus der subjektiven Sicht von Kunden dar. Die Eigenschaften umfassen zum einen technologisch-physikalische Komponenten einer Ware bzw. notwendige Basiskomponenten einer Dienstleistung und zum anderen nicht produktbezogene Eigenschaften. Letztere können den Kauf- oder Verbrauchsprozess beeinflussen, stehen jedoch nicht in unmittelbarem Zusammenhang zur Produktleistung beziehungsweise Produktperformance (z. B. Vorstellungen in Bezug auf die typischen Produktnutzer sowie gängige Nutzungssituationen).

Benefits (Abb. 4.5) stellen den persönlichen Nutzen dar, der mit einem Produkt verbunden wird und werden in funktionale, erfahrungsbezogene und symbolische Benefits untergliedert. Erstere sind primär mit produktbezogenen Eigenschaften verbunden, wohingegen symbolische Benefits primär mit nicht produktbezogenen Eigenschaften korrespondieren.

Einstellungen weisen den höchsten Informationsgehalt auf. Sie umfassen eine ganzheitliche Einschätzung einer Marke, indem zum Beispiel Eigenschaften oder Benefits einer Marke mit der Vorzugswürdigkeit dieser Eigenschaften kombiniert werden.

Die drei Assoziationstypen Eigenschaften, Benefits und Einstellungen können nach Keller hinsichtlich ihrer Vorteilhaftigkeit, Stärke und Einzigartigkeit variieren (Abb. 4.5). Die Vorteilhaftigkeit umschreibt hauptsächlich, welche Bedeutung Eigenschaften oder Benefits aus der Sicht von Nachfragern für Kaufentscheidungen haben. Die Stärke von Assoziationen determiniert in erster Linie, mit welcher

Wahrscheinlichkeit die Assoziationen erinnert und bei Kaufentscheidungsprozessen verwendet werden. Schließlich erfasst die Einzigartigkeit von Assoziationen, in welchem Ausmaß Assoziationen mit konkurrierenden Marken geteilt werden. Besitzt eine Marke exklusiv eine oder mehrere Assoziationen, die zudem eine hohe Stärke und Vorteilhaftigkeit aufweisen, so können hieraus strategische Wettbewerbsvorteile entstehen.

In diesem sehr breit ausgelegten Begriff von Markenimage – der auch ein Konstrukt wie Markeneinstellung als Unterkomponente umfasst – sind verschiedene Dimensionen enthalten, die jede für sich wiederum als Treiber des Markenwerts verstanden werden können. Die einzelnen Dimensionen lassen sich empirisch messen und liefern dann ein umfassendes Bild zum Markenimage. Hinsichtlich der konkreten empirischen Messung und der Bedeutung der einzelnen Treiberkomponenten aus Abb. 4.5 gibt es allerdings kein übereinstimmendes Konzept. Allgemein ist beim Ansatz von Keller zu beachten, dass es zwar insbesondere in der Wissenschaft weite Verbreitung gefunden hat, jedoch nicht als akzeptierter Standard zur Messung von Markenwerttreibern verstanden werden kann. Vielmehr umfasst es ein breit angelegtes Konzept, das zentrale Markenwerttreiber kohärent zusammenführt.

Die solchermaßen breit definierten Markenwerttreiber Markenbekanntheit und -image führen zu bestimmten Outputgrößen im Sinne von Verhaltenswirkungen wie etwa Markenkauf oder Markenloyalität und diese dann zu einem monetären Markenwert (Abb. 4.2). In diesem Sinn unterscheidet Kapferer (2012) Brand Assets (verstanden als Quellen des Markenwerts mit Komponenten, die sich weitgehend mit denen aus Abb. 4.5 decken mit allerdings zum Teil unterschiedlichen Begriffen), Brand Strength (verstanden als Outputgrößen der Brand Assets mit Größen wie Markenloyalität, Marktanteil und Preis- und Mengenpremium) und Brand Value (verstanden als Barwert markenspezifischer Cashflows). Ähnlich verhält es sich beim Markenwertklassiker von Aaker (1991), in dem er zwischen den Markenwerttreibern Brand Awareness, Brand Associations, Perceived Quality und Brand Loyalty unterscheidet. Beide Konzepte lassen sich in das in Abb. 4.2 skizzierte Konzept überführen, wobei die Begriffe sehr unterschiedlich definiert werden. Bei der Beurteilung alternativer Markenwertreiberkonzepte bzw. Markenbewertungsverfahren ist also eine kritische Hinterfragung der definierten Konstrukte von großer Wichtigkeit.

Markenbekanntheit und -image (in einem breit definierten Sinne wie etwa nach dem Konzept aus Abb. 4.5) sind also zentrale Treiber des Markenwerts, die Outputgrößen wie etwa Markenloyalität, Marktanteil und Preis- und Mengenpremium beeinflussen und diese dann zu einem monetären Markenwert führen. In dieser Treiberwirkungskette würde man idealerweise messen können, wie sich z. B. eine bestimmte Verbesserung des Markenimages auf Preis- und Mengenpremien der Marke auswirkt und dies dann zu einer monetär quantifizierbaren Markenwertsteigerung führt. Es gibt zwar Versuche, solche Messungen durchzuführen, sie sind aber letztendlich nicht seriös, nicht valide oder an sehr spezifische Rahmenbedingungen gebunden. Dies hängt damit zusammen, dass solche Wirkungsketten von einer Vielzahl an Rahmenbedingungen abhängen, etwa dem jeweiligen Konkurrenzumfeld, den Distributionspartnern, der Branche oder zeitlichen Veränderungen von ökonomischen, kulturellen und sozialen Bedingungen. Von daher kennen wir zwar die wesentlichen Markenwerttreiber, können sie im Hinblick auf ihre Wirkungen zum monetären Markenwert aber nur sehr eingeschränkt quantifizieren. Keller (2012, S. 363) drückt es folgendermaßen aus:

> Ideally, to measure brand equity, we would create a brand equity index – one easily calculated number that summarizes the health of the brand and completely captures its brand equity. But just as a thermometer measuring body temperature provides only one indication of how healthy a person is, so does any one measure of brand equity provide only one indication of the health of a brand. Brand equity is a multidimensional concept, and complex enough to require many different types of measures.

Fazit

Markenbekanntheit und -image in einem breit definierten Sinn sind zentrale Markenwerttreiber. Sie steuern zentrale Größen wie das Markenkaufverhalten und die Markenloyalität und diese wiederum den finanziellen Wert von Marken. Die Wirkungskette zwischen Markenwerttreibern und finanziellem Markenwert lässt sich nicht exakt quantifizieren, sondern nur näherungsweise abschätzen. Wichtig ist eine umfassende Messung und Analyse verschiedener Facetten von Markenbekanntheit und -image.

4.3 Markenspezifische Cashflows separieren

Im nächsten Schritt gilt es, von den gesamten mit einem Markenprodukt verbundenen Cashflows diejenigen zu isolieren, die ursächlich auf die Marke zurückzuführen sind (Abb. 4.1; d. h. im Kern: markenspezifische Umsatzerlöse abzüglich markenspezifischer Auszahlungen). Hierzu lassen sich grundsätzlich drei Ansätze unterscheiden, und zwar Heuristiken (z. B. Orientierung an der Markenrelevanz in der jeweiligen Produktkategorie), Analogien (z. B. Lizenzpreisanalogien) und explizite Schätzungen markenspezifischer Cashflows.

Da explizite Schätzungen markenspezifischer Cashflows sehr aufwendig sind, verwenden sehr viele Markenbewertungsverfahren **Heuristiken**. Eine erste Heuristik besteht in der Messung der *Markenrelevanz* in der jeweiligen Produktkategorie, also dem Ausmaß in dem Marken Umsatzerlöse (und entsprechende Auszahlungen) eines Produkts in einer bestimmten Kategorie im Vergleich zu anderen Kaufentscheidungskriterien wie z. B. dem Preis determinieren (Fischer et al. 2010). Wenn davon ausgegangen werden kann, dass der weitaus größte Teil der Cashflows markenspezifisch ist, so erübrigt sich die Separierung, da nahezu sämtliche Cashflows markenspezifisch sind. Dabei ist zu beachten, dass die Markenrelevanz zwischen Ländern und Kategorien erheblich variiert (Abb. 4.6). Ist die Markenrelevanz nicht extrem hoch, so kann im Rahmen der Heuristik die relative Markenrelevanz zur Gewichtung der Cashflows verwendet werden. Sind in einer bestimmten Produktkategorie z. B. die Cashflows zu 50 % ursächlich durch Marken bedingt (und zu 50 % auf andere Faktoren zurückzuführen), dann wird davon ausgegangen, dass 50 % der Cashflows markenspezifisch sind. Will man die Heuristik noch weiter verfeinern, dann kann man die Stärke der bedeutendsten Marken innerhalb einer Produktkategorie messen und dann über(unter-)durchschnittlich starke Marke über(unter-)proportional hinsichtlich der Cashflows gewichten.

Hinsichtlich der Messung der Markenrelevanz bzw. relativen Markenstärke gibt es unterschiedliche Verfahren. Relativ genaue und zuverlässige Ergebnisse erzielt man mit sogenannten Choice-based Conjoint-Analysen (Völckner et al. 2008).

Deutschland			USA			Japan		
Rang	Globale Markenrelevanz Produktmarkt	(1-7)	Rang	Globale Markenrelevanz Produktmarkt	(1-7)	Rang	Globale Markenrelevanz Produktmarkt	(1-7)
1	Zigaretten	5,24	1	Bier	5,57	1	Mittelklassewagen	4,84
2	Bier	4,92	2	Mittelklassewagen	5,14	2	Mobilfunkbetreiber	4,56
3	Handys	4,75	3	Zigaretten	5,09	3	PCs/Computer	4,53
4	Mittelklassewagen	4,30	4	PCs/Computer	5,00	4	Fernseher	4,46
5	Designer-Sonnenbrillen	4,16	5	Fast Food Restaurants	4,88	5	Zigaretten	4,26
6	Fernseher	4,13	6	Mobilfunkbetreiber	4,83	6	Bankkonten	4,18
7	Kopfschmerzmittel	4,00	7	Expresszustelldienste	4,66	7	Linienflüge für Privatreisen	4,17
8	Fast Food Restaurants	3,95	8	Handys	4,62	8	Designer-Sonnenbrillen	4,09
9	Linienflüge für Privatreisen	3,92	9	Fernseher	4,61	9	KfZ-Versicherung	3,98
10	Versandhändler	3,84	10	Waschmittel	4,52	10	Bier	3,97
11	PCs/Computer	3,67	11	Kopfschmerzmittel	4,47	11	Versandhändler	3,97
12	Waschmittel	3,57	12	Linienflüge für Privatreisen	4,42	12	Handys	3,91
13	Bankkonten	3,31	13	Papiertaschentücher	4,21	13	Kopfschmerzmittel	3,87
14	Freizeitbekleidung	3,26	14	Designer-Sonnenbrillen	4,16	14	Fast Food Restaurants	3,84
15	Kaufhäuser	3,24	15	Versandhändler	4,13	15	Expresszustelldienste	3,79
16	Mobilfunkbetreiber	3,16	16	Bankkonten	4,10	16	Kaufhäuser	3,69
17	Drogerien	3,07	17	KfZ-Versicherung	4,05	17	Freizeitbekleidung	3,62
18	KfZ-Versicherung	2,95	18	Drogerien	3,71	18	Waschmittel	3,41
19	Expresszustelldienste	2,88	19	Kaufhäuser	3,67	19	Drogerien	3,19
20	Papiertaschentücher	2,46	20	Freizeitbekleidung	3,58	20	Papiertaschentücher	2,97

☐ Dienstleistung   ▨ Handel   ☐ FMCG /Gebrauchsgüter

Abb. 4.6 Markenrelevanz in unterschiedlichen Produktkategorien und Ländern. (Quelle: in Anlehnung an Fischer et al. (2010))

Abb. 4.7 Beispiel für eine Kaufsimulation im Rahmen einer Choice-based Conjoint-Analyse. (Quelle: http://www.sawtoothsoftware.com, Abruf: 30.10.2014)

Hierbei werden einer Stichprobe von typischen Kunden in der jeweiligen Kategorie mehrfach verschiedene Produkte zur Auswahl vorgelegt, die sich systematisch anhand von Marken, Preisen und sonstigen Produkteigenschaften unterscheiden. Ein Beispiel für eine entsprechende Kaufsimulation ist in Abb. 4.7 wiedergegeben. Auf Basis der simulierten Käufe der befragten Kunden lässt sich mit Hilfe spezieller statistischer Verfahren die Markenrelevanz in Form der relativen Bedeutung der Marke im Verhältnis zu den variierten Produkteigenschaften in der Produktkategorie bestimmen. Darüber hinaus kann für jede der betrachteten Marken die Markenstärke im Verhältnis zu den übrigen Marken ermittelt werden.

Eine grundsätzlich ähnliche Heuristik verwenden die international bzw. national am häufigsten eingesetzten Verfahren von Interbrand bzw. Konzept & Markt (Nielsen Brand Performance System; vgl. zusammenfassend Sattler und Völckner 2013), ohne jedoch die Markenrelevanz spezifisch über Conjoint-Analysen oder andere Primärdatenerhebungen zu messen. Stattdessen wird beim *Nielsen Brand Performance System* für die zu bewertende Marke und die wichtigsten Marken der relevanten Produktgruppe über eine Reihe von Markenwerttreibern (Markt-

volumen, Marktvolumenwachstum, Marktanteil, Marktanteilswachstum, Markenbekanntheit, Marke im Relevant Set und Distribution) die relative Markenstärke
der zu bewertenden Marke im Verhältnis zu den übrigen Marken bestimmt. Diese
relative Markenstärke wird dann mit dem Wertschöpfungspotenzial der Produktkategorie multipliziert und ergibt so unmittelbar einen monetären Markenwert.
Interbrand misst die Markenrelevanz über einen sogenannten Role-of-Brand-Index. Die Heuristik unterstellt, dass die Nachfrage durch sieben Werttreiber (Preis,
Produktqualität, Verfügbarkeit, Kundenservice, Bekanntheit, Innovativität und
Breite des Produktangebots) gesteuert wird, die alle mehr oder weniger von Marken abhängen. Über subjektive Expertenschätzungen wird die Markenrelevanz für
die einzelnen Treiber bestimmt und dann zu dem Role-of-Brand-Index aggregiert.
Beträgt der Role-of-Brand-Index z. B. 25 %, so wird angenommen, dass 25 % der
Gesamtcashflows markenspezifisch sind. Ähnliche Heuristiken verwenden viele
andere kommerzielle Markenbewertungsverfahren (Sattler und Völckner 2013).
Problematisch bei diesen Ansätzen ist, dass die Messung der Markenrelevanz bzw.
-stärke mit erheblichen subjektiven Ermessensspielräumen verbunden ist, insbesondere hinsichtlich der Auswahl und Gewichtung von Markenwerttreibern. Wesentlich verlässlichere Ergebnisse erhält man mit Conjoint-Analysen, die jedoch
mit aufwendigen Datenerhebungen und -analysen verbunden sind.

Ein zweiter Ansatz zur Separierung markenspezifischer Cashflows basiert auf
Analogieschlüssen. So wird im Rahmen der sogenannten Mehrgewinnmetho-
de (DIN ISO 10668) versucht, zwei möglichst analoge Unternehmen zu identi-
fizieren, die sich ausschließlich darin unterscheiden, dass das eine Unternehmen
über eine starke Marke verfügt und das andere nicht (bzw. hilfsweise nur über
eine schwach profilierte und damit nahezu wertlose Marke). Der Mehrgewinn des
Unternehmens mit der starken Marke gegenüber dem anderen Unternehmen entspricht dann den separierten markenspezifischen Cashflows. In der Praxis ist die
Identifikation eines analogen Unternehmens allerdings nur selten möglich.

Vielversprechender sind *Lizenzpreisanalogien* (vgl. zum Folgenden Sattler und
Völckner 2013). Nach diesem auch als „Relief from Royalty" bezeichneten Verfahren ergibt sich der Wert der Marke aus zukünftigen Lizenzzahlungen, die anfallen würden, wenn das Unternehmen die Marke nicht selber besitzen, sondern von
einem Dritten die Lizenz zur Nutzung der Marke erwerben müsste. Die üblicherweise verwendete Bezugsbasis ist der mit der Marke generierte Umsatz. Durch
Multiplikation des Lizenzsatzes mit dem Umsatz ergeben sich die separierten markenspezifischen Cashflows. Das zentrale Problem besteht darin, für die zu bewertende Marke eine möglichst ähnliche Marke zu finden für die bereits Lizenzsätze
gezahlt wurden und somit Marktpreise vorliegen. Hierzu existieren umfangreiche
Datenbanken. Zumeist lässt sich allerdings nur eine Bandbreite möglicher Lizenz-

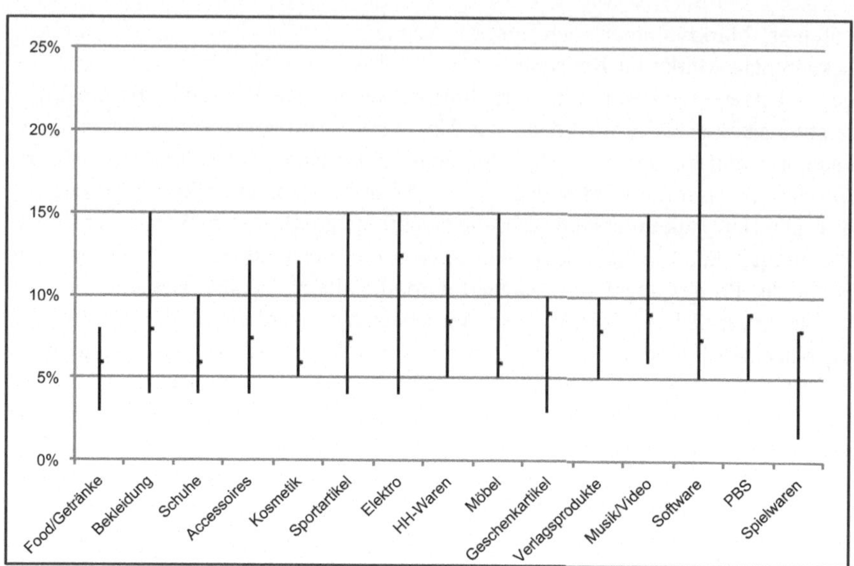

Abb. 4.8 Bandbreiten von Markenlizenzgebühren in Prozent vom Nettoumsatz für verschiedene Branchen. (Quelle: Binder (2005))

sätze ermitteln (Abb. 4.8). Zudem wird nicht ausreichend dem Umstand Rechnung getragen, dass in der Lizenzierungspraxis neben dem umsatzbezogenen Lizenzsatz weitere Größen wie Einmalgebühren und garantierte Umsätze eine wichtige Rolle spielen. Weiterhin wird kritisiert, dass Markenlizenzzahlungen auch nicht markenspezifische Komponenten enthalten können (Kapferer 2012).

Um den Ermessensspielraum bei der Auswahl eines geeigneten Lizenzsatzes aus einer Bandbreite möglicher Sätze zu reduzieren, kann sich die Auswahl des Lizenzsatzes an der Markenstärke orientieren. Danach erhalten Marken mit einer sehr hoch (niedrig) ausgeprägten Markenstärke einen Lizenzsatz am oberen (unteren) Ende der Bandbreite üblicher Lizenzsätze. Auch hier ist wiederum eine valide Ermittlung der Markenstärke (über verschiedene Markenwerttreiber) essentiell.

Zur Plausibilisierung von Lizenzsätzen lässt sich auch die in der Steuerpraxis anerkannte *Knoppe-Formel* anwenden. Danach wird grundsätzlich nicht beanstandet, dass ein Lizenznehmer 25 bis 33 % der Gesamtcashflows für die Zahlung von Lizenzraten verwendet.

Will man sich nicht auf Analogieschlüsse oder Heuristiken verlassen, so bedarf es einer **expliziten Schätzung markenspezifischer Cashflows**. Am weitesten verbreitet ist die *Preis- und Mengenpremium-Methode* (DIN ISO 10668; Sattler und

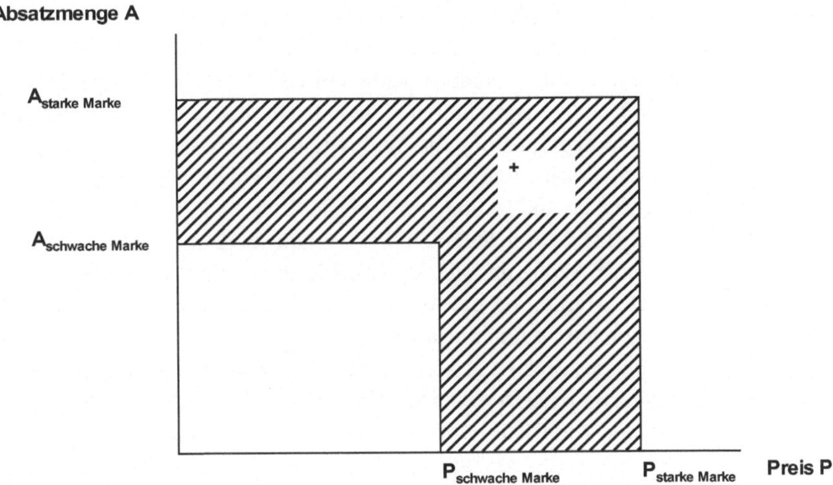

Abb. 4.9 Preis- und Mengenpremium. (Quelle: eigene Darstellung)

Völckner 2013), die bereits in Kap. 1 erläutert wurde. Der Grundgedanke besteht darin, dass eine Marke, in die verschiedene Markeninvestitionen getätigt wurden, gegenüber einer technisch-physikalisch (näherungsweise) identischen Referenzmarke mit jedoch keinen oder minimalen Markeninvestitionen (wie z. B. bei einer schwach profilierten Handelsmarke) am Markt einen höheren Preis (Preispremium) und/oder eine höhere Absatzmenge (Mengenpremium) erzielen kann. Preis- und Mengenpremium zusammen ergeben ein markenspezifisches Umsatzpremium (schraffierte Fläche in Abb. 4.9).

Verzichtet man – wie in der Praxis häufig üblich – aus Vereinfachungsgründen auf eine explizite Prognose markenspezifischer Auszahlungen, so lassen sich durch Multiplikation des ermittelten markenspezifisches Umsatzpremiums mit einer *typischen Umsatzrendite* (ermittelt aus in der Vergangenheit mit der betrachteten Marke erwirtschafteten Umsatzrenditen oder branchentypischen Renditen) die markenspezifischen Cashflows ermitteln.

Die Anwendung des Preis- und Mengenpremiums bzw. Umsatzpremiums wie in Abb. 4.9 skizziert ist nur dann sinnvoll anwendbar, wenn die schwach oder nicht profilierte Referenzmarke näherungsweise über die gleichen technisch-physikalischen Produkteigenschaften verfügt. Hiervon kann bei vielen Konsumgütern wie z. B. Bier, Schokolade oder Konfitüre ausgegangen werden. Ist dies hingegen nicht der Fall, so bedarf es einer Korrektur. Wäre etwas beim oben in Abb. 4.1 erläuterten Beispiel beim VW Sharan ein Navigationssystem (als eine spezifische Produkteigenschaft) im Wert von 1.000 € im Preis enthalten, beim SEAT Alhambra hingegen nicht, so würde sich das Preispremium des VW Sharan um 1.000 € verringern, da das Navigationssystem nicht ursächlich mit der Marke verbunden ist. Um die Effekte solcher Produkteigenschaften systematisch rauszurechnen, bieten sich wiederum die oben erläuterten Conjoint-Analysen an. Hierbei werden eine Reihe an Produkten anhand verschiedener Marken und Preise sowie relevanter Produkteigenschaften beschrieben und analog zum Beispiel in Abb. 4.7 Konsumenten zur Wahl vorgelegt. Auf Basis des geäußerten Wahlverhaltens lässt sich dann z. B. ein Preispremium prognostizieren, das sich für eine bestimmte Marke ergeben würde, wenn die betrachtete Marke und die Referenzmarke über die gleichen Produkteigenschaftsausprägungen verfügen würden.

Bei der Ermittlung des Preis- und Mengenpremiums und des daraus resultierenden Umsatzpremiums besteht ein weiteres Problem hinsichtlich der Umsätze darin, dass diese durch stark kurzfristig wirkende Marketing-Mix-Instrumente verzerrt sein können. Die Idee eines Ansatzes von Högl et al. (2002) besteht darin, dass man auf Grundlage einer mit Paneldaten geschätzten Marktreaktionsfunktion diejenigen Umsätze prognostiziert, die sich bei einer über die Produktgruppe durchschnittlichen Marketing-Mix-Intensität (z. B. einer durchschnittlichen Preispromotion-Intensität) ergeben würden. Entsprechend werden z. B. Umsätze von Marken mit unterdurchschnittlichen Preispromotion-Anteilen erhöht und im Falle überdurchschnittlicher Promotionintensität reduziert. Ein Beispiel für den deutschen Premiumbiermarkt ist in Abb. 4.10 illustriert. Beispielsweise wird der Umsatz der Marke Beck's um 0,2 Marktanteilsprozentpunkte infolge eines unterdurchschnittlichen Preispromotion-Anteils (6 % statt durchschnittlich 16 %) erhöht. Analog lassen sich die Umsätze um Distributionseffekte korrigiert.

Fazit

Zur Isolierung markenspezifischer Cashflows können Heuristiken, Analogieschlüsse oder explizite Schätzungen der Cashflows verwendet werden. Die Heuristiken orientieren sich insbesondere an der Markenrelevanz in der Produktkategorie und erlauben eine relativ einfache Abschätzung markenspezifischer Cashflows. Bei den Analogieschlüssen sind insbesondere Markenlizenzpreisanalogien weit verbreitet und erlauben bei zusätzlicher Berücksichtigung der Markenstärke ähnlich wie die Heuristiken eine relativ einfache näherungsweise Abschätzung markenspezifischer Cashflows. Die verlässlichsten Verfahren nehmen explizite Schätzungen der Cashflows vor, insbesondere in Form der Ermittlung eines Preis- und Mengenpremiums. Sie sind allerdings auch mit höheren Anforderungen hinsichtlich Know-how, Zeit und Kosten verbunden.

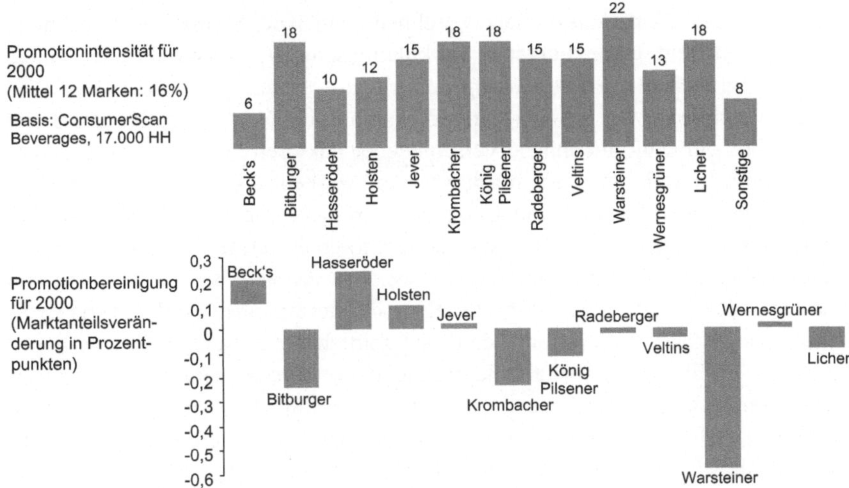

Abb. 4.10 Korrektur von Marktanteilen hinsichtlich Promotioneffekte. (Quelle: Högl et al. (2002))

4.4 Markenspezifische Cashflows prognostizieren und diskontieren

Wie oben erläutert gilt grundsätzlich sowohl für Marken als auch andere Vermögensgegenstände, dass deren Wert nicht auf Basis historischer Investitionen zum Aufbau der Vermögensgegenstände, sondern an deren zukünftigem Ertragspotenzial bemessen werden sollte – hier also anhand zukünftiger markenspezifischer Cashflows. Weiterhin müssen diese Cashflows auf den Bewertungsstichtag anhand eines risikoadjustierten Zinssatzes diskontiert werden, was je nach Zinssatz zu sehr unterschiedlichen Markenwerten führt (Abb. 4.3). Aufgrund der Diskontierung fallen die zukünftigen Cashflows umso weniger ins Gewicht, je weiter sie in der Zukunft liegen und somit auch bei sehr langer Markenlebensdauer im Wesentlichen lediglich die ersten Jahre für die Prognose entscheidend sind.

Zur Prognose werden entweder Heuristiken oder Verfahren mit expliziter Prognose zukünftiger Cashflows verwendet (vgl. zusammenfassend Sattler und Völckner 2013). **Heuristiken** verwenden vielfach eine pauschale Fortschreibung markenspezifischer Cashflows in die Zukunft. Eine häufige Annahme ist, dass sich die Überschüsse zukünftig (ggf. inflationsbereinigt) dauerhaft konstant entwickeln. In diesem Fall lässt sich der langfristige Markenwert sehr einfach durch Division des kurzfristigen Markenwerts (z. B. markenspezifische Cashflows des aktuellen Jahres) durch den Kalkulationszinssatz berechnen (gemäß der Formel zur Berechnung einer ewigen Rente). Der Faktor (1/Kalkulationszinssatz) entspricht dann einem markenspezifischen *Earnings-Multiple*. Teilweise setzen Heuristiken direkt an diesem Multiple bei der Prognose an. So bestimmt das Verfahren „Semion Brand Evaluation" ein Multiple anhand verschiedener Faktoren im Sinne von Markenwerttreibern (u. a. Finanzwert, Markenschutz, Markenstärke und Markenimage), die sich aus einer Vielzahl von Einzelfaktoren zusammensetzen. Aufgrund der willkürlich anmutenden Gewichtung der Faktoren ist dieser Ansatz mit erheblichen Validitätsproblemen behaftet. Ein weiteres Problem der Verwendung von Earnings-Multiples besteht in der Ermittlung des kurzfristigen Markenwerts (typischerweise bezogen auf ein Jahr), da dieser zeitlichen Schwankungen unterliegen kann. Das Problem lässt sich abmildern, indem der durchschnittliche Markenwert der letzten 3 Jahre als Basis verwendet wird. Allerdings können auch hiermit zukünftig stark dynamische Effekte nicht abgebildet werden und schränken den Anwendungsbereich insofern ein. Solche Fehler können durch explizite Prognosen vermieden werden.

Verfahren, die eine **explizite Prognose** zukünftiger markenspezifischer Cashflows vornehmen, unterteilen typischerweise den Prognosezeitraum in eine Planungs- und eine Postplanungsperiode (DIN ISO 10668). In der Planungsperiode sind explizite Prognosen möglich (ca. 3 bis 5 Jahre); in der Postplanungsperiode erfolgt eine pauschalierte Fortschreibung, zumeist unter Annahme zukünftig (real) konstanter Entwicklungen. Diesbezügliche Ansätze bieten unter anderem Interbrand, KPMG und PwC/GfK/Sattler (Advanced Brand Valuation) an. Grundlage für die Prognose bildet jeweils eine detaillierte Analyse von Daten aus dem internen und externen Rechnungswesen, inklusive historischer Daten und Plangrößen, wie zum Beispiel Planbilanzen oder Geschäftspläne. Hierauf aufbauend werden Umsätze für die Planungsperiode geschätzt. Diese Umsätze werden dann gemäß der oben beschriebenen Verfahren um nicht-markenspezifische Effekte bereinigt, beispielsweise durch eine Multiplikation mit Lizenzsätzen. Weiterhin sollten – jenseits der Verwendung eines Risikozuschlags bei der Diskontierung – bei langfristigen Prognosen unvermeidliche Risiken in Form von Sensitivitäts- und Risikoanalysen quantifiziert werden, was z. B. beim Ansatz von PwC/GfK/Sattler realisiert wird.

Die geschätzten Cashflows müssen **diskontiert** werden. Als Ausgangsbasis werden üblicherweise die Eigen- und Fremdkapitalkosten des jeweiligen Unternehmens herangezogen (DIN ISO 10668). Die Eigenkapitalkosten werden anhand von Kapitalmarktbeobachtungen vergleichbarer Unternehmen abgeleitet, insbesondere anhand des sogenannten Capital Asset Pricing Model. Der Zinssatz setzt sich demnach aus einem risikolosen Basiszinssatz und einer Marktrisikoprämie zusammen.

Zur Ermittlung eines markenspezifischen Zinsrisikozuschlags wird häufig wie folgt vorgegangen: Zunächst einmal ermittelt man eine für die jeweilige Konstellation durchschnittliche Marktrisikoprämie, z. B. 5%. Diese gewichtet man nun mit einem sogenannten Betafaktor, der anhand von am Kapitalmarkt beobachteten Renditeschwankungen ermittelt wird und eine Maßgröße für das Risiko darstellt. Bei durchschnittlichen Risiken ergibt sich ein Betafaktor von 1 und bei unterdurchschnittlichen (überdurchschnittlichen) Risiken ein Betafaktor von kleiner (größer) 1. Für eine Reihe von möglichst ähnlichen Vergleichsunternehmen ermittelt man dann eine Bandbreite von Betafaktoren, z. B. Werte zwischen 0,5 und 1,5. Daraus ergibt sich durch Multiplikation der Betafaktoren mit der durchschnittlichen Marktrisikoprämie eine Bandbreite von Zinsrisikozuschlägen – im Beispiel Werte zwischen $5 \times 0{,}5 = 2{,}5$ und $5 \times 1{,}5 = 7{,}5$. In Abhängigkeit von einer empirisch bestimmten Markenstärke bestimmt man dann einen markenspezifischen Zinsrisikozuschlag. Im Interbrandmodell wird beispielsweise eine S-förmige Funktion wie in Abb. 4.11 unterstellt. Auch wenn ein solches Verfahren eine weitgehend standardisierte und nachvollziehbare Vorgehensweise bietet, so sind auch hier erhebliche

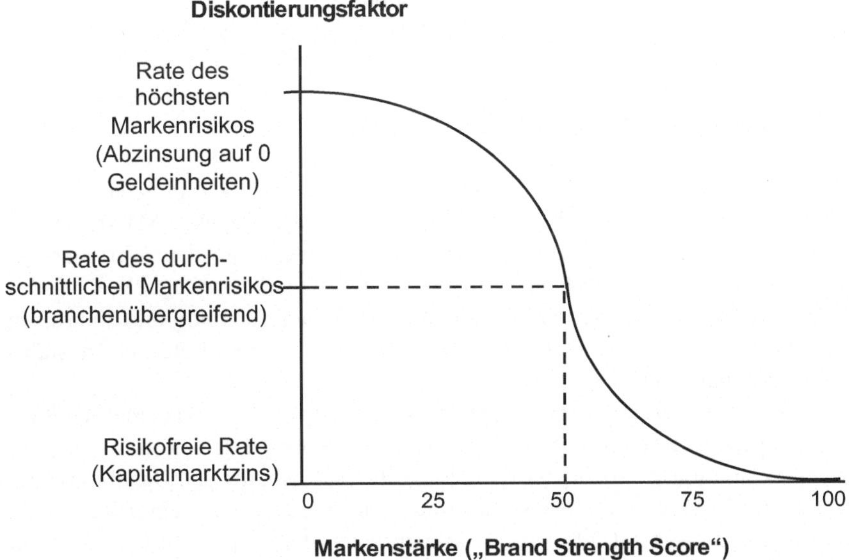

Abb. 4.11 Zinsrisikozuschlag in Abhängigkeit der Markenstärke im Interbrand-Modell. (Quelle: Trevillion und Perrier (1999))

subjektive Ermessensspielräume vorhanden, etwa im Hinblick auf die Auswahl der Vergleichsunternehmen, die Messung der Markenstärke und die Wahl des Funktionsverlaufs zwischen Markenstärke und Zinsrisikozuschlag.

Fazit

In den meisten Fällen sind langfristige Prognosen und Diskontierungen zukünftiger markenspezifischer Cashflows für die monetäre Markenbewertung unerlässlich. Die Diskontierung mit einem risikoadjustierten Zinssatz ist kein technisches Detail, sondern determiniert in erheblichem Maße den Markenwert. Auch bei sehr langen Prognosezeiträumen sind infolge der Diskontierungseffekte letztendlich nur die ersten Jahre entscheidend. Zur Prognose können Heuristiken wie Earnings-Multiples in Kombination mit Markenstärkemessungen verwendet werden, erlauben aber nur sehr grobe Schätzungen. Auch explizite Prognoseverfahren sind mit erheblichen Schätzrisiken verbunden, weshalb Sensitivitäts- und Risikoanalysen für alternative Szenarien wichtig sind. Markenbewertungsverfahren, die behaupten, Werte bis auf den letzten Euro genau quantifizieren zu können, sind unseriös. Auch die DIN ISO 10668 kann dies nicht leisten, definiert aber einen genauen Rahmen zur Wertbestimmung, insbesondere was die Diskontierung anbelangt.

4.5 Markenstrategische Optionen abschätzen

Wie oben erläutert, ergibt sich der Gesamtwert einer Marke zum einen aus dem Markenertragspotenzial im Bereich bislang bestehender Produkte, Märkte, Distributionskanäle und Kooperationsformen und zum anderen aus dem Wert markenstrategischer Optionen (Abb. 4.1). Allgemein stellen markenstrategische Optionen Wertschöpfungspotenziale dar, die mit einer Marke aus zukünftig durchführbaren Handlungsmöglichkeiten realisiert werden können (vgl. zum Folgenden ausführlich Sattler und Völckner 2013).

Auf eine Bewertung markenstrategischer Optionen wird bei den meisten Markenbewertungsverfahren mit dem Argument verzichtet, dass eine Bewertung zu komplex und mit zu hoher Bewertungsunsicherheit behaftet sei. Dabei muss berücksichtigt werden, dass ein Verzicht auf eine Messung auch einer Bewertung darstellt, und zwar mit 0 €. Dies ist aber in vielen Fällen unrealistisch. So zeigt eine Simulationsanalyse von Sattler (2000) anhand von Earnings-Multiples bei markenmotivierten Unternehmensakquisitionen, dass in vielen Fällen der Wert markenstrategischer Optionen 50 % und mehr des gezahlten Kaufpreises für Unternehmen mit sehr starken Marken ausmacht. Grundlage für die Analyse bildet die Beobachtung, dass bei internationalen Unternehmensakquisitionen, bei denen die wichtigsten Vermögensgegenstände Marken sind, sehr häufig Earnings-Multiples von 25 oder mehr gezahlt wurden (vgl. die in Kap. 3 erläuterten Beispiele). Sollen sich solche Investitionen amortisieren, so sind ganz erhebliche Wachstumsraten von Cashflows notwendig, beispielsweise wie in Abb. 4.12 skizziert. Insbesondere im Bereich von Konsumgütern ist dies in den allermeisten Fällen faktisch nicht mit bislang bestehenden Produkten, Märkten, Distributionskanälen und Kooperation möglich, sondern es müssen in erheblichem Ausmaß markenstrategische Optionen realisiert werden.

Neben pauschalen Wertzuschlägen auf Basis von Markenstärkemessungen (z. B. beim Interbrandansatz) gibt es bislang nur wenige systematische Ansätze zur Bewertung markenstrategischer Optionen. Der bislang umfassendste diesbezügliche Bewertungsansatz verwendet sogenannte Stretching-Scores zur Quantifizierung der besonders relevanten Optionen in Form von Transfers von Marken auf neue Produkte (vgl. zusammenfassend Sattler und Völckner 2013). Der Stretching-Score wird über ein Punktbewertungsverfahren ermittelt, in das eine Vielzahl von Erfolgsfaktoren von Markentransfers einfließen, unter anderem der Fit zwischen

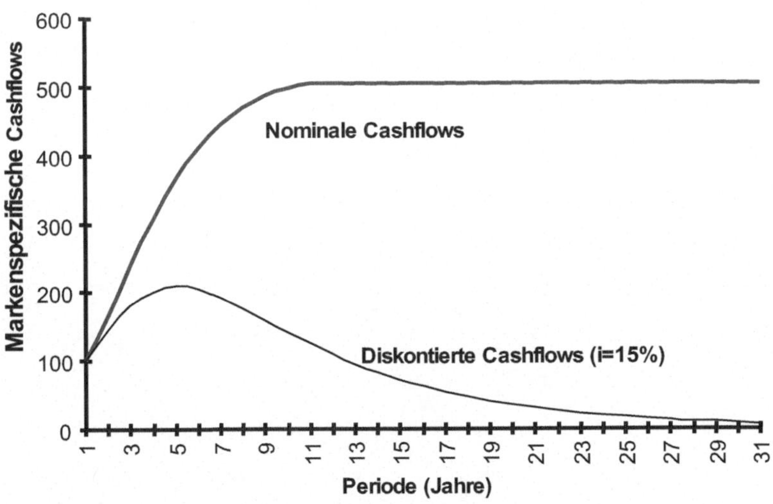

Abb. 4.12 Erforderliches Wachstum markenspezifischer Cashflows bei einem Earnings-Multiple von 25. (Quelle: in Anlehnung an Sattler und Völckner (2013))

Marke und neuem Transferprodukt, die Muttermarkenstärke, der Erfolg und die Breite vorangegangener Markentransfers und die Marketingunterstützung.

Fazit

Bei der Wertermittlung markenstrategischer Optionen steht man vor einem Dilemma. In sehr vielen Fällen machen sie die Hälfte oder sogar mehr vom Gesamtmarkenwert aus und sollten deshalb nicht vernachlässigt werden. Aber die Wertermittlung ist mit ausgesprochen hoher Schätzunsicherheit behaftet. Deshalb ist es ganz besonders wichtig, die zugrundeliegenden Annahmen und ermittelten Wertansätze kritisch zu hinterfragen und in Form von Sensitivitäts- und Risikoanalysen für alternative Szenarien zu überprüfen. Die teilweise zu beobachtenden erheblichen Differenzen zwischen den gemessenen Werten für ein und die gleiche Marke mit alternativen Markenbewertungsverfahren ist nicht selten zu einem erheblichem Maße auf den Einbezug oder Nicht-Einbezug markenstrategischer Optionen in die Bewertung zurückzuführen.

Essentials: Zehn wichtige Punkte zur Bewertung von Marken

Als Quintessenz aus dem Vorangegangenem sollen zehn zentrale Punkte zur Bewertung von Marken hervorgehoben werden. Sie wenden sich insbesondere an Entscheider, die mit Markenbewertungsproblemen konfrontiert sind und Markenbewertungsinstrumente kritisch hinterfragen und begleiten wollen.

1. Marken gehören bei nahezu jedem Unternehmen zu den wertvollsten Vermögensgegenständen. Deshalb lohnt sich eine intensive Beschäftigung mit dem Thema Markenbewertung.
2. Wer eine Marke kaufen, eine Markenlizenz erwerben, den Erfolg einer Markenkampagne finanziell messen, Führungskräfte anhand von finanziellen Markenwertveränderungen steuern, Schadensersatzbestimmungen bei Markenrechtsverletzungen ermitteln, Marken in die Bilanz einstellen oder als Kreditsicherung verwenden möchte, der ist zwingend darauf angewiesen, Marken finanziell zu bewerten – und zwar auch dann, wenn die Bewertung sehr komplex ist.
3. Nicht nur Kunden schaffen Markenwerte. Auch für andere Zielgruppen sind Marken relevant, wie z. B. Mitarbeiter, Distributionspartner, Kapitalgeber oder Lieferanten. Für die Hauptzielgruppen sollte die jeweilige Markenrelevanz zumindest grob abgeschätzt und ggf. in die Markenwertmessung einbezogen werden.
4. Marken sind aus einer finanziellen Perspektive immaterielle Vermögensgegenstände. Wie bei allen Vermögensgegenständen ergibt sich auch bei einer Marke der Wert aus dem zukünftigen Ertragspotenzial, d. h. aus dem erwarteten zukünftig erzielbaren ökonomischen Nutzen, der aus der Nutzung der Marke

© Springer Fachmedien Wiesbaden 2014
H. Sattler, *Finanzielle Bewertung von Marken,* essentials,
DOI 10.1007/978-3-658-08801-9_5

generiert wird. Damit sind als Regelfall langfristige, mit Unsicherheit behaftete Prognosen und Diskontierungen unumgänglich. Die Diskontierung zukünftiger Ertragspotenziale ist keine technische Nebensache der Markenbewertung, sondern beeinflusst den Wert in ganz erheblichem Ausmaß. Als Alternative zu Prognosen von Ertragspotenzialen kommen grundsätzlich Marktpreise vergleichbarer Marken in Frage. Allerdings sind in der Praxis vergleichbare Marken häufig nicht verfügbar. Auch historische Kosten zum Aufbau einer Marke sind allenfalls eine Hilfsgröße zur Plausibilisierung des Ertragspotenzials einer Marke.

5. Das externe Rechnungswesen ist Markenbewertungen gegenüber besonders kritisch eingestellt. Grundsätzlich dürfen weder national noch international selbst erstellte Marken in die Bilanz eingestellt werden. Im Kern wird dies damit begründet, dass Markenbewertungen für selbst erstellte (also nicht extern erworbene) Marken mit zu hoher Bewertungsunsicherheit behaftet seien. Faktisch entspricht dies aber eine Bewertung mit 0 €, was angesichts der enormen Werte von Marken unangemessen erscheint.

6. Bewertungen von Marken sind (genau wie Unternehmensbewertungen) immer mit unsicheren Schätzungen verbunden, d. h. Markenwerte lassen sich nicht exakt quantifizieren. Bewertungsmethoden, die vorgeben, solche exakten Wertermittlungen vornehmen zu können, sind nicht seriös – und zwar auch dann, wenn die Anbieter solcher Methoden über eine hohe Markenreputation verfügen. Die Schätzunsicherheit sollte über Sensitivitäts- und Risikoanalysen für alternative Szenarien verdeutlicht werden.

7. Verschiedene Standards zur Markenbewertung wie insbesondere die DIN ISO 10668 bringen Transparenz in den Markenbewertungsprozess und stecken im Hinblick auf mögliche Bewertungsmethoden und spezifische Erfordernisse einen Rahmen ab. Weder die DIN-Norm noch andere Standards liefern jedoch konkrete Markenbewertungsformeln. Es gibt eine große Zahl an Markenbewertungsverfahren, die die DIN-Norm erfüllen – eine Garantie für eine valide Markenwertmessung ist damit aber nicht gegeben.

8. Markenwerte sind abhängig vom jeweiligen Markeninhaber und dessen Vorstellungen zur Ausübung markenstrategischer Optionen. Solche Optionen beinhalten insbesondere die Ausdehnung einer Marke auf neue Geschäftsfelder, wie neue Produkte, Märkte, Distributionskanäle und Kooperationsformen. Sie determinieren in vielen Fällen rund die Hälfte des Gesamtmarkenwerts. Diesem Aspekt ist bei der Markenbewertung hinreichend Rechnung zu tragen, auch wenn eine monetäre Quantifizierung der Optionen ausgesprochen komplex ist.

9. Markenbekanntheit und -image in einem breit definierten Sinn sind zentrale Markenwerttreiber. Sie steuern zentrale Größen wie das Markenkaufverhalten und die Markenloyalität und diese wiederum den finanziellen Wert von Marken. Die Wirkungskette zwischen Markenwerttreibern und finanziellem Markenwert lässt sich nicht exakt quantifizieren, sondern nur näherungsweise abschätzen. Wichtig ist eine umfassende Messung und Analyse verschiedener Facetten von Markenbekanntheit und -image.

10. Markenbewertungsinstrumente sollten insbesondere hinsichtlich folgender zentraler Problembereiche kritisch hinterfragt werden:

   a. Inwiefern werden Markenwerttreiber in die Bewertung integriert? Sind Maßgrößen für die Markenstärke wie z. B. Markenbekanntheit und -image (als wesentliche Markenwerttreiber) und deren Wirkung auf den Markenwert theoretisch und empirisch fundiert?

   b. Wie wird sichergestellt, dass nur solche Zahlungsströme bzw. Cashflows berücksichtigt werden, die ursächlich auf die Marke zurückzuführen sind? Erfolgt eine solche Separierung markenspezifischer Cashflows pauschal über einfache Heuristiken oder durch spezifische empirische Messung für die jeweilige Marke? Sind hierbei ggf. verwendete Analogieschlüsse, wie etwa Markenlizenzpreisanalogien, hinreichend mit dem jeweiligen Bewertungsfall vergleichbar? Werden ggf. bei der Ermittlung eines Preis- und Mengenpremiums nicht markenspezifische Effekte oder kurzfristig wirkende Marketing-Mix-Instrumente, wie z. B. Promotioneffekte, berücksichtigt?

   c. Werden bei der Prognose markenspezifischer Cashflows lediglich Heuristiken oder explizite Prognoseverfahren mit einer spezifischen, offen gelegten Datenbasis verwendet? Inwiefern sind ggf. eingesetzte Heuristiken theoretisch und empirisch fundiert? Erfolgt die Diskontierung anhand der klar definierten Vorgehensweise gemäß DIN ISO 10668?

   d. Werden markenstrategische Optionen in die Bewertung einbezogen? Wie wird ggf. der Perspektive des jeweiligen Markeninhabers und dessen Vorstellungen zur Ausübung markenstrategischer Optionen Rechnung getragen?

   e. Wie werden die Vorgaben der DIN ISO 10668 umgesetzt, insbesondere im Hinblick auf die in der Norm definierten Kriterien Transparenz (u. a. hinsichtlich Datenbasis und Analyse), Objektivität, Validitätsprüfungen, rechtliche und steuerliche Aspekte sowie Bewertungsanlass?

Was Sie aus diesem Essential mitnehmen können

- Verständnis für die Bedeutung von finanziellen Markenwerten und deren Treiber
- Anwendungsbeispiele für die Messung von Markenwerten
- Nutzen und Grenzen von Markenbewertungsstandards
- Gezielte Lösung von Herausforderungen bei der Messung von Markenwerten
- Die zehn entscheidenden Punkte bei der Bewertung von Marken

© Springer Fachmedien Wiesbaden 2014
H. Sattler, *Finanzielle Bewertung von Marken,* essentials,
DOI 10.1007/978-3-658-08801-9

Literatur

Aaker, D. A. (1991). *Managing brand equity – Capitalizing on the value of a brand name.* Free Press, New York.

Binder, C. U. (2005). Lizenzierung von Marken. In F.-R. Esch (Hrsg.), *Moderne Markenführung: Grundlagen – innovative Ansätze – praktische Umsetzungen* (4 Aufl., S. 523–548). Gabler, Wiesbaden.

DIN ISO 10668. (2011). *Markenbewertung – Anforderungen an die monetäre Markenbewertung.* Beuth, Berlin.

Fischer, M., Völckner, F., & Sattler, H. (2010). How important are brands? A cross-category, cross-country study. *Journal of Marketing Research, 47,* 823–839.

Högl, S., Hupp, O., Maul, K.-H., & Sattler, H. (2002). *Der Geldwert der Marke als Erfolgsfaktor für Marketing und Kommunikation.* Frankfurt a. M.: Gesamtverband Kommunikationsagenturen GWA e. V.

Kapferer, J. (2012). *The new strategic brand management* (5 Aufl.). Kogan Page, London.

Keller, K. L. (1993). Conceptualizing, measuring and managing customer-based brand equity. *Journal of Marketing, 57,* 1–22.

Keller, K. L. (2012). *Strategic brand management – building, measuring, and managing brand equity* (4. Aufl.). Pearson, Upper Saddle River.

Menninger, J., & Wurzer, A. (2014). *Bewertungsstandards für Patente und Marken.* Wiley-VCH, Weinheim.

PwC, Sattler, GfK & Markenverband. (2012). *Praxis von Markenbewertung und Markenmanagement in deutschen Unternehmen: Neue Befragung 2012.* Frankfurt a. M.: PricewaterhouseCoopers.

Trevillion, K., & Perrier, R. (1999). *Brand Valuation – A Practical Guide.* Accountants' Digest, Issue 405. Accountancy Books, London.

Sattler, H. (2000). Eine Simulationsanalyse zur Beurteilung von Markeninvestitionen. *OR Spektrum – Quantitative Approaches in Management, 22,* 173–196.

Sattler, H., & Völckner, F. (2013). *Markenpolitik* (3. Aufl.). Kohlhammer, Stuttgart.

Völckner, F., Sattler, H., & Teichert, T. (2008). Wahlbasierte Verfahren der Conjoint-Analyse, In A. Herrmann, C. Homburg, & M. Klarmann (Hrsg.), *Handbuch Marktforschung: Methoden – Anwendungen – Praxisbeispiele* (3. Aufl., S. 687–712). Gabler, Wiesbaden.

© Springer Fachmedien Wiesbaden 2014
H. Sattler, *Finanzielle Bewertung von Marken,* essentials,
DOI 10.1007/978-3-658-08801-9